NOTIZIE STORICHE
INTORNO AL SANTUARIO
DELLA
MADONNA DELLA CROCE
DI VARAZZE
DEL
Pr. G. B. F.

VARAZZE
Tipografia e Cartoleria di Domenico Botta
1875.

In the interest of creating a more extensive selection of rare historical book reprints, we have chosen to reproduce this title even though it may possibly have occasional imperfections such as missing and blurred pages, missing text, poor pictures, markings, dark backgrounds and other reproduction issues beyond our control. Because this work is culturally important, we have made it available as a part of our commitment to protecting, preserving and promoting the world's literature. Thank you for your understanding.

Sulla cima di un monte a ponente da Varazze, nell'antica villa di Castagnabuona, distante dal centro della città tre quarti d'ora circa, da cui presentasi uno de' più magnifici panorami della riviera ligure di ponente a cominciare dal Capo di Noli sino a quello di Portofino, trovasi innalzata una divota Capella ad onore di Nostra Signora della Croce, alla quale si accede mediante la strada che sino a tutto lo scorso secolo dava comunicazione diretta alle terre dei marchesi del Carretto, e del Monferrato.

Papa Innocenzo IV (1) nel giorno 5 ottobre 1244, partendosi dall'abazia di Sestri Ponente (2) scortato dal Podestà e da molti nobili di Genova, dopo avere pernottato in Varazze (3) assieme a sette Cardinali e molti Prelati ebbe a percorrere questa strada, fermandosi alcuni giorni a causa di malattia nel Castello della Stella, da dove si trasferì poscia nella città di Lione.

Non esiste memoria alcuna che accenni l'epoca della erezione di questa Capella. Alcuni opinano che debbasi assegnare l'origine a questo solenne ed inatteso avvenimento, e in conferma ne adducono eziandio lo stesso titolo che ampiamente corrisponde alle tribulazioni cui andò soggetta la Chiesa, ed al trionfo della medesima ottenuto mediante la Croce: *In hoc signo vinces.* Infatti in quei giorni erano appieno conosciuti i divisamenti di Federico, il quale aveva al Pontefice dichiarato che:

Roma diu titubans longis erroribus acta,
 Corruet, et Mundi desinet esse Caput.

Cui rispondendo il Sommo Pontefice:

Niteris incassum, navem submergere Petri
 Fluctuat, ast nunquam desinet esse ratis.

E Federico ripigliando:

Fata volunt, Stellæque docent, avinmque
  volatus

Quod Fridericus ego, malleus orbis ero. (4)
Il Pontefice profettizzando conchiuse:
Fata volunt, scriptura docet, peccata lo-
quuntur,
Quod tibi vita brevis, pœna perennis erit. (5)

Stando adunque a questa versione, essa Capella sarebbe stata fondata verso il 1244. Sul principio doveva consistere in un Pilone innalzato a testimonianza però del fatto nel luogo istesso ove fermossi Papa Innocenzo IV colla sua corte e coi varazzini che l'accompagnarono, e da cui vedevansi stanziate nel porto di Savona le dieci galee e le otto taride imperiali, destinate assieme ad altro naviglio di ben venti galee a dar la caccia al Sommo Pastore. In seguito poi e pochi anni appresso, venne innalzata una piccola Capella con altarino, quale per ben due volte in altre distinte epoche fu ampliata, come rilevasi dalla semplice ispezione della medesima Capella attualmente destinata ad uso di sacristia.

Prima ancora del 1600 la divozione a Nostra Signora della Croce era profondamente radicata nell'animo dei fedeli. Il R.

Accinelli Gio Batta, sacerdote tra i Padri Predicatori di questo Convento e cronista dello stesso, asserisce un fatto che ha dello straordinario. Egli così scrive: « *Nella infezione del contagio nel genovesato dal 1655 al 1657, il contagio in Varazze venne introdotto mediante l'emigrazione da Genova, negli ultimi giorni del mese di Aprile 1657. Il numero ed il nome di quei che morirono si trova presso il sig. Giuseppe de Mezzano diligentemente notato dal fu Sig. Domenico suo avo, che allora era segretario della comunità.*

Qui al Solaro buona parte di quelli che mancarono fu nella contrada dei Quartini, abitata nella massima parte da pescatori.

*Il maggior danno fu nella villa di Castagnabuona portatovi da qualcuni dei maestri dell'arsenale di Genova (*Lazzaro Amico maestro d'ascia*)(6) li quali morirono con quasi tutte le loro famiglie, e con un Padre Cappuccino che per Carità assisteva agli appestati, il quale fu sepolto ai fianchi immediatamente della Chiesa di S. Rocco. Per altro, nè il Notaro,* quale presso al loro letto riceveva gli ultimi loro testamenti, nè tante altre persone che con libertà andavano e venivano da quegli infermi, per non essere ancora il male dichiarato contagioso, ricevettero nocumento alcuno. »

« Sentite questo fatto miracoloso che raccontarvi voglio a gloria della Santissima Vergine. »

« Erano gli avi miei nella loro casa nel luogo detto le *Tessarole* nella villa di Castagnabuona. La mia gran madre andava nel tempo del maggior furore del morbo da sè sola, chè in tempo di contagio ogni compagnia fa paura, girando per strade oblique alla capella della Croce, ogni sabato portando seco l'olio per accendere la lampada alla imagine di Nostra Signora, epperciò aveva seco la chiave, e non ve n'era altra con cui aprire, e poi chiudeva la porta della capella, quale a niuno consegnava, ma sempre seco portava e custodivala con gelosia, per timore che qualche persona andasse ed infestasse la capella, e detta lampada ritrovava sempre accesa, con sufficiente olio, e viva di sabato in sabato come fosse stata acconciata, ripiena ed accesa poche ore avanti. Soleva ciò contare con tenerezza, come grazia distinta e particolarissima fattale dalla Santissima Vergine e Madre »

A conferma di questo leggevavisi la seguente inscrizione:

Sia lodato Dio.
Storia e tradizione volgare ricordano
che nel maggio del 1657
mentre la peste
faceva delle vittime in Castagnabuona
una pietosa donna
di casa Accinelli delle Tessarole
veniva al sabato ad accendere la lampada
alla MADONNA di questa terra
recando seco l'olio e la chiave della chiesa
che essa sola custodiva.
Dopo alcune di queste visite
la MADONNA
premiò la pia visitatrice
col farle sempre trovare la lampada accesa
e tuttavia ricolma d'olio
in attestato di gradimento, e di protezione.
I Massari posero questa lapide
per testimoniare il grande fatto.

Il numero delle vittime fatte ascende a centoventicinque come ne attesta il Padre Antero nel suo *Libro dei Lazzaretti*, dodici delle quali aveano già cessato di vivere fino dal giorno 14 di maggio. Il Comune nella sua seduta del 12 stesso mese (7) aveva estratto a sorte sedici de' Membri del Consiglio, due dei quali alla volta dovessero portarsi ad abitare in detta villa, l'uno nella casa dell'Ill.mo Governatore alle Tessarole e l'altro in quella dei Guastavini presso *San Rocco*. Inoltre all'Ufficiale di Sanità De Fatio Antonio deputò a collega altro De Fatio Olivino e decretò che fossero provvisti i bisognosi di ogni cosa a spese del pubblico. Fondò finalmente un Lazaretto in legno e fece chiudere con rastrelli custoditi da guardie tutte le strade di comunicazione. Anche questi benemeriti religiosi Capuccini andarono a gara a sollievo dei malati. Il Padre Gio: Bernardo della nobile famiglia Donati da Genova dovendo scegliere tra le supplicazioni de' suoi confratelli, i quali tutti si contendevano il servizio a que' nuovi sventurati, nominò il Padre Paolo Maria da Pontremoli assieme ai laici professi Fra Carlo Maria da Pontremoli e Fra Francesco Maria da Finale, che appena scelti, inginocchiatisi chiesero perdono ai loro fratelli e tosto partirono pel luogo infetto; e quivi giunti non tardarono ad esercitarsi in ogni genere di carità sino a rendersi martiri del loro eroismo. Primi a pagare il tributo al morbo crudele furono i due Pontremolesi, che vennero sepolti in detta villa presso la Capella di San Rocco. Rimasto solo il laico Fra Francesco Maria si diede a tutto uomo a soccorrere anche spiritualmente quegli infelici, ai quali tutti erano già stati amministrati i santi sacramenti dal deceduto Padre Paolo Maria, nel mentre istesso che ne medicava le piaghe e loro porgeva ogni conforto, ed in questo ministero restò egli pure colpito dal morbo, per cui giacente sotto di un'albero servì a sè medesimo da chirurgo per molti giorni, nei quali Iddio lo provvide per mezzo di una fanciulla di nove anni appena, di quanto abbisognava pel suo sostenimento. Risanato, e cessato il morbo ritornò al convento da cui era partito, ove poco dopo cessò di vita sfinito dalle fatiche.

Non risulta appieno quando sia cessato il flagello: forse verso i primi del mese di Luglio doveva essere diminuita l'intensità. Consta però che « il comune con deliberazione unanime del Parlamento generale in data otto Luglio 1657 ordinò l'esposizione per otto giorni continui del Venerabile nella chiesa di santo Ambrogio pei *presenti pericoli e castighi* da cominciare da oggi stesso a spese del medesimo comune, esortando il minore Consiglio e i Magnifici Uffiziali di Sanità a Comunicarsi solennemente e ad intervenire alla processione a farsi domenica prossima. »

Era quasi trascorso un secolo, nel quale periodo i figli e nipoti dei superstiti assoggettati a molte e varie tribolazioni, tra le quali sono da annoverarsi le forti scosse di terremoto nei primi giorni del mese di maggio 1704, che obbligarono i medesimi ad abbandonare le abitazioni e menar vita a cielo scoperto, nonchè pure il mai più inteso gelo del 5 Gennaio 1709 che distrusse non solo tutti gli alberi di arancio e di limone ma quelli pure di castagno e d'ulivo, dei quali ultimi anche attualmente ne viene indicato un solo preservato da quel generale flagello, quando nel 1745, temendo i mali di una guerra fratricida, vollero fosse ampliata del doppio la Capella, innalzandovi sul limitare un porticato a comodo dei viandanti ed insieme dei fedeli onde potessero facilmente soddisfare ai loro voti. (8)

Il comune aveva già da tempo fatta donazione alla capella dell'annesso terreno incolto che aveano i massari coltivato a pineto e nel 1776 31 Dicembre, facendo apporre i termini tra il terreno assegnato, e quello riservatosi aumentò la donazione medesima, apponendo soltanto la condizione di essere conservato il diritto di passaggio e di pascolo a favore dei comunisti.

Intanto andavasi risvegliando grandemente la divozione verso Nostra Signora della Croce. Non solo ad essa facevano ricorso le persone afflitte e tribolate onde ricevere forza e coraggio, ma altresì quelle persone che dovevano intraprendere viaggi all'estero e dedicarsi a qualche straordinaria impresa; quindi è che i pescatori, e la gente di mare, non dipartivasi dal paese, se prima non aveva visitato Nostra Signora della Croce, e gli stessi Sacerdoti volevano offrire la loro prima messa su questo altare.

L'antica Capella non bastava a soddisfare alla pietà dei fedeli, egli è perciò che nell'anno 1790 diedesi principio alla costruzione di una nuova e regolare Capella in attiguità alla preesistente, quale ultimata nel 1799 venne emanato Decreto della Curia Diocesana consacrandola al culto addì 18 ottobre dell'anno istesso. La spesa della mano d'opera dei muratori ascese a sole lire genovesi 2629. 3, poichè i materiali ed il trasporto relativi erano somministrati ed eseguiti gratuitamente da quei ferventi paesani, i quali al suono della campana accorrevano all'invito per somministrare quanto occorreva.

In quella età l'emigrazione soleva fermarsi nelle terre di Spagna e presso Gibilterra. In questa città esisteva una colonia varazzina composta in gran parte di pescatori. Intesa la nuova della costruzione della Capella, non tardò a concorrervi efficacemente per cui si potè fare acquisto di grandioso altare in marmo con relativi cancelli, acquisto, che stante le circostanze dei tempi, costò appena lire genovesi 1560. Da una lettera che si conserva indirizzata da Gibilterra il 12 settembre 1796 da Fazio Pietro a suo cugino Fazio Gio Batta si rileva quanto fosse infervorata quella Colonia, da essa tutto spira confidenza ed amore. Si spediscono ventidue pezzi di Spagna argento, e dichiarasi che tutti i varazzesi ivi stanziati aveano sottoscritta la propria offerta di un Reale e mezzo al mese. Accompagnavano il loro obolo manifestando il desiderio che nei giorni della esaltazione ed invenzione della Santa Croce fosse impartita la Benedizione colla Santa Croce medesima, e venissero celebrate dieci messe in detti giorni, ed altra messa fosse parimente celebrata nella prima ed ultima domenica di ciascun mese. A riconfermare finalmente la loro divozione facevano instanza fossero loro inviate cento immagini ed altrettanti abitini rappresentanti il divoto mistero, cioè la gran Vergine Madre che rivolta al suo divino Figlio implora grazia e perdono.

Trascorsero alcuni mesi appena dalla

inaugurazione solenne della Capella al culto religioso, che si dovette riottenere nuova facoltà e ribenedirla; ed eccone il motivo.

Nel giorno di Giovedì Santo del 1800 l'armata francese comandata dal Generale Massena offriva battaglia alle armi austriache nei monti circostanti a quello della Croce. Percorrendo la strada sopra accennata, giunto il Generale Massena sulla piazza della Capella di San Rocco sita nel centro della villa e veduta la corda della campana pendente al di fuori, temendo di qualche inopportuna suonata a storno, vi si fermò sdegnato, ed ordinò fosse immantinente, la corda, collocata nell'interno. Mentre egli stava osservando l'esecuzione del suo ordine perentorio trasse ed aprì il suo giornale chiedendo la denominazione del Villaggio, ed inteso chiamarsi *Castagnabuona*, disse, oggi diverrà *Castagnamarcia*. Non tardò a provarsi nel giorno istesso gli effetti della parola da Generale, poichè i paesani vennero derubati dei loro bestiami e del vino che dopo gustato a sazietà, quei famosi soldati della così detta compagnia d'Acqui ne sfondarono i recipienti facendolo scorrere per le strade e pei campi. Una sola persona venne proditoriamente uccisa, e la Capella fu ridotta ad uso di Ospedale, adagiando i feriti sul quadro istesso della Vergine che vilmente posarono sul suolo.

La Santa Sede raffermò ed accrebbe la venerazione a *Nostra Signora della Croce* concedendo indulgenza plenaria nei giorni della Natività, ed Annunciazione di Maria Santissima, e concedendo pure indulgenza speciale di sette anni ed altrettante quarantene nelle altre festività fra l'anno consacrate alla gran Madre di Dio, da lucrarsi queste indulgenze da chi confessato e comunicato visitasse la presente Capella, come ne consta dal relativo Decreto del 14 Settembre 1796. Per Decreto poi del regnante Sommo Pontefice Papa Pio IX in data 15 Luglio 1862 e 28 Novembre 1871 venne come sopra accordata l'indulgenza plenaria nei giorni della Invenzione ed Esaltazione della Santa Croce, e delle festività della Natività, Annunciazione e Santissimo nome di Maria Immacolata. Queste elargizioni di grazie spirituali vengono con fervore dai fedeli richieste in modo speciale nella festività della Invenzione ed Esaltazione della Santa Croce, non che nei giorni del Santissimo Nome, e della Nunciazione di Maria Vergine, nel quale ultimo giorno in ogni anno processionalmente vi si reca di buon mattino la Venerabile Confraternita dei Disciplinanti di Santa Maria in Bethelem.

Sul finire del 1851 riconosciutosi inservibile il Bollino per le immagini, venne da pia persona in rendimento di grazie, fatta eseguire una litografia in tutto conforme al quadro ad olio dallo stabilimento Armanino in Genova, ed ottenuti molti esemplari, questi fecero nascere il desiderio di possedere un gruppo di tre Statue in marmo rappresentante il divoto soggetto medesimo: quindi è che nel 1852 si contrattò col noto scultore varazzino Prof. Michele Ramognino, il quale desiderando anche esso di attestare la sua speciale divozione verso *Nostra Signora della Croce*, e in pari tempo consegnare un suo ricordo alla Patria di origine, si accontentò eseguirne il lavoro mediante la gratificazione di Ln. 2400 quali gli Amministratori, dietro autorizzazione dell'Ordinario Diocesano ricevevan a mutuo, come in atti Biagio Pescetto del 7 Dicembre 1853.

Mentre lo scultore stava eseguendo il lavoro, quei buoni paesani preparavano apposita nicchia all'oggetto di collocarvi le statue e nei terreni Guastavino, Viola, Fazio formavano ampia strada e spaziosa piazza, sia nanti la Capella, che dal lato di ponente ove divisavano innalzare uno Ospizio a comodo dei divoti, Ospizio di cui furono già delineati i fondamenti, e che sperasi non starà molto a vedersi compiuto.

I lavori erano perféttamente ultimati: soltanto attendevasi il collocamento delle Statue, quale, a motivo della invasione in Genova del morbo asiatico, morbo che venne pure importato in Varazze da uno (9) merciaio ambulante ebreo, si dovette eseguire quasi privatamente nel giorno 8 Settembre 1854 e contentarsi di assistere alla Benedizione del Venerabile preceduta dalla celebrazione di due Messe soltanto, onde non contradire alle prescrizioni sanitarie governative. Appena però l'autorità dichiarò terminato il flagello, il Municipio fece voto di un pellegrinaggio a *Nostra Signora della Croce*, cui intervenne esso stesso in forma pubblica, assieme al Reverendissimo Capitolo e Clero della Collegiata di Santo Ambrogio, del Rev. Parroco e Clero della Chiesa Parrocchiale dei Santi Nazario e Celso, e dei Religiosi Regolari di San Domenico e San Francesco, non che di tutte le venerabili Confraternite Secolari. Il Rev. Parroco dei Santi Nazzaro e Celso, nel di cui territorio esiste la Capella, pronunziò fra la Messa privata, analogo discorso, e cantata la Messa Solenne, prima della Benedizione col Venerabile, il Rev. Padre Andrea da Varazze Capuccino asceso sul pergamo appositamente preparato sulla piazza, infervorò i fedeli a ringraziare Maria pei beneficii ricevuti rendendosi degni suoi figli, aumentandone il culto e perfezionando i lavori richiesti e designati nella sua Capella. A memoria di questa Solennità il Signor Paolo Rosciano dettò la seguente:

D: O: M:
memorandum esto
quod hoc Sacellum Magnæ Dei Matri
ab antiquo titulo CRUCIS dicatum
anno MDCCXC. iusta vetus

*latius ornatiusque structum
statuis marmoreis per concivem
Michaelem Ramognino sculptis
ære conflato nuperrime insignitum
area undique vorsum laxata
viaque partim exæquata
Municipium, supplicatione indicta
Clerum Sæculare et Regulare
sodalitia, populumque maiora molientem
singularis obsequii,
actionisque gratiarum causa
ob Patriam asiatico morbo
et levius affectam et citius integram
festatum excipiebat
Idib: Octob: Ann. MDCCCLIV*

Essendosi nel 1854 collocate le statue nel muro a tramontana, malgrado tutte le cure prescritte, non si riuscì ad impedire che la umidità non si manifestasse, perciò nell'anno 1861 venne innalzato apposito nicchio al di dietro e sopra l'altare maggiore dove si trasportarono le statue medesime. Questo lavoro richiese contemporanea la costruzione di un Coro conveniente, e fece nascere il desiderio di possedere un quadro ad olio rappresentante il soggetto medesimo da servire e di riparo e di occasione ai fedeli, e viandanti a prestare a Nostra Signora della Croce i ben dovuti omaggi. Persona divota ne affidò la commissione al sig. pitore Semino, il quale con arte e perfezione ne riprodusse il soggetto, e consegnatelo nel giorno 8 di Settembre del 1863, ognuno ne riconobbe la direzione del sig. Gandolfo, nello studio del quale venne eseguito, ed il sentire affettuoso ed ispirato del Semino, per cui si ravviva l'amore sempre più verso *Colei*, che ha come leggesi nel quadro medesimo « *In manu tua salus nostra.* »

Finalmente altra pia persona, l'ora fu Andrea Fazio fu G. B., aveva fatto dono alla Capella dell'uso di una campana, ed insieme erasi offerto a sopportare la spesa occorrenda della calce all'erezione del Campanile. Per questo nel 1866 si diede cominciamento alla costruzione desiderata, e nell'anno successivo fu intieramente ultimata con generale soddisfazione.

Rimane ora a compiersi l'Ospizio, la di cui costruzione voluta da tutti attendesi tuttora, a motivo dei soliti impedimenti che si verificano nelle opere del Signore.

ANNOTAZIONI

(1) Sinibaldo Fieschi, quinto figlio di Ugo Conte di Lavagna addì 25 Giugno 1243 in Anagni fu proclamato Sommo Pontefice assumendo il nome di Papa Innocenzo IV. All'annunzio di una tale elezione Federico II, Imperatore, vuolsi abbia esclamato « Abbiamo perduto un'amico Cardinale, ed acquistato un Papa nemico » Ciò non ostante tentò ogni mezzo a rendersi schiavo il Pontefice, sino a chiedergli che acconsentisse, che una figliuola del Conte Fieschi suo fratello si sposasse al Re di Germania Corrado, figlio dello stesso Imperatore: Ma, non fia mai, rispose Innocenzo, che io cerchi innalzare la mia nipote a svantaggio della chiesa: di questa trattiamo primieramente, appresso parleremo delle nozze. (Ab. Spotorno Elog. Lig.)

(2) Federico II. studiava segretamente le più sicure vie macchinando di sorprendere il Papa, ed impadronirsi di lui con violenza. Ben presto il Pontefice conobbe non essere più sicuro, nè dentro, nè fuori di Roma, nè poter mai provvedere ai bisogni troppo urgenti della Religione senza uscire dallo stato ecclesiastico e per poco che avesse ritardato a mettersi in salvo con la fuga, la sua persona sarebbe stata compromessa. In tali angustie spedisce a Genova un frate franciscano Boiolo di nome, il quale presentatosi al Podestà Filippo Visdomini ottenne che lo stesso guidasse le galee che trovavansi

all'ordine in porto e le conducesse a Civitavecchia.
Partì di notte segretamente da Genova e in breve
tempo si gittò a Civitavecchia. Stava il Pontefice in
Sutri, piccola terra tra Roma e Civitavecchia, e quivi ad un'ora di notte del 20 Giugno ebbe l'avviso
dell'arrivo e tosto spogliatosi degli abiti Pontificali
e indossata la divisa di soldato di cavalleria montò
un velocissimo ronzino e incognito a tutti passò in
mezzo al nemico ponendosi in salvo. A mezza notte
soltanto si accorsero della fuga che non tardò ad
essere lodata, essendo una ora dopo comparse in
Sutri le soldatesche imperiali. La sera appresso fu
sollecito ad imbarcarsi e dopo sofferti diversi temporali di mare giunse felicemente addì 7 Luglio in
Genova. Quando Federico sentì lo accorso, disse ridendo a' suoi cortigiani. « Povero me ! Io giocavo
agli scacchi col Papa, e quando stava per dargli
scaccomatto, son venuti i Genovesi a rovesciare la
scacchiera. »

Travagliato continuamente dalle cure, dagli affanni
e dai disastri sofferti venne il Pontefice assalito da
grave malattia per cui i medici lo consigliarono ad
un cambiamento di aria, egli perciò si trasferì
nella badia di Sestri Ponente, e quivi malgrado
continuasse il suo corso la infermità, non tralasciava
di procurare il bene della Chiesa e chiamato il Podestà e molti tra i principali di Genova, loro rivolto, piangendo, disse: Miei figli in Gesù Cristo
voglio portarmi a Lione, e prima di morire far
conoscere alla Cristianità, ai Principi, ed ai Prelati
le angustie, e le persecuzioni che soffre la Chiesa
di Dio: Se io non potrò cavalcare, mi farò portare
in lettiga. Il Podestà ed Ottimati risposero: Santo
Padre, non mai abbiamo cessato, nè cesseremo di
adoperarci in servizio della Santa Chiesa, ovunque
Voi sarete, noi vogliamo esservi ai vostri piedi.

Pronti siamo ad armare le Galee, ove ne mostriate il semplice desiderio, e condurvi a salvamento sino al Rodano a nostre spese, affinchè di là possiate più facilmente giungere a Lione. Non consigliamo il viaggio per terra, poichè molto è a temersi dai Marchesi e Castellani che niuna fede mantengono: che se poi volete scegliere questa via, siamo anche pronti ad accompagnarvi scortato dalle milizie, e dal popolo. Il Papa benedicendogli, rispose: che sarebbe andato per terra, o cavalcando, od in lettiga, come meglio avrebbe potuto. Pertanto nel giorno di mercoledì 5 ottobre, da Sestri Ponente si portò a Varazze, ove pernottò, ed indi fecesi trasportare alla Stella in lettiga ivi dovette fermarsi più giorni a causa di malattia. (Schiaffini.)

(3) Contrariamente allo Schiaffini, allo Spotorno, ed altri, riferisce il Serra ed il Semeria, che Innocenzo IV siasi da Sestri recato a Savona.

Questa asserzione viene smentita anche dal silenzio dello scrittore Savonese Verzellino, il quale nella sua Cronaca mm. nota in questo anno, in cui era Podestà Enrico Granone, il solo arrivo in città del Conte di Tolosa. Inoltre il Pontefice non poteva recarsi a Savona senza andare incontro al pericolo che voleva evitare. Infatti Savona era allora di parte mascherata, stanziavano nel suo porto galee Imperiali e soltanto nel 1251, per forza d'armi ritornò alla obbedienza della Repubblica assieme ad Albenga ed altre terre ribelli della Riviera sino a Monaco, come da convenzione del 19 febbraio 1251 sottoscritta nella Chiesa di Sant'Ambrogio in Varazze, chiesa di stile bisantino di cui tuttora ne esistono le vestigia nelle mura della Città, e convenzione approvata da Papa Innocenzo IV il 5 Maggio successivo, in cui tra i vari patti fu stabilito che i Savonesi fossero obbligati a ricevere il Podestà da Genova, che non potessero avere giurisdizione sul Castello di Albissola nè fare acquisto di beni stabili nel territorio di Varazze. Devono perciò i predetti scrittori Serra e Semeria aver confuso l'arrivo in Savona di Papa Gregorio XI con quello di Innocenzo IV. Papa Gregorio infattti vi pernottò il 17 Ottobre 1376 come risulta dall'itinerario dello stesso Pontefice da Avignone a Roma scritto da Pietro Altense Vescovo di Sinigaglia nel Delfinato, ove leggesi: « Structura mirabilis, Benedictus Opifex, qui te ædificavit. Verbosa curiositas, et inanis jucunditas, quæ te fondavit. Amena Civitas, Savona nuncupata, in ea nocte pernoctavit, dies Sabati. Luce medico Christi Apostolo consecrata. (Muratori).

(4) L'Ab. G. B. Spotorno nell'elogio di Papa Innocenzo IV, descrive il carattere di Federico II in questi termini:

« Principe ingrato, sleale, spietato contro i nemici, presto al promettere, al mantenere tardissimo, rotto ad ogni libidine, anche con femmine saracene, che sempre il seguitavano; nelle cose della fede, di coscienza sospetta, pazzamente perduto dietro agli astrologi, la disciplina ecclesiastica voleva dirizzare colla spada, il patrimonio di San Pietro unire al Regno di Sicilia, contro alle ragioni indurava l'animo altero, e nol piegavano nè consigli, nè prieghi, bramoso sopramodo di abbattere la libertà dei Lombardi, non vedea mezzo di venirne a capo, senza rapirne al Pontefice il dominio temporale, e a questo fine rivolse tutte le arti, e le frodi. (Spotorno, Elogi Liguri.)

(5) Nel Concilio convocato in Lione ed aperto il 24 Giugno 1245 giorno anniversario della elezione a Sommo Pontefice di Papa Innocenzo IV, fu pubblicata sentenza di scomunicazione contro Federico II, e dichiarati i popoli della Germania

sciolti da ogni vincolo con lui, i Principi ammoniti a nuova elezione ed i Regni di Sicilia, e di Gerusalemme vacanti.

Pochi anni dopo nel 13 Dicembre 1250, colto Federico II da una dissenteria in Fiorentino, piccola città della Puglia, cessò di vivere, e come attestano gli Storici, Manfredi, il maggiore de' suoi figliuoli inleggittimi, lo soffocò nel letto co' guanciali, chiudendosi così la serie degli antichi Rè d'Italia. (Villani, Serra, etc.)

(6) Nel giorno 15 del mese di Maggio 1657 deliberò il Comune la seguente lettera al Senato Serenissimo:

Serenissimi Signori,

Lazzaro Amigo, maestro d'ascia della villa di Castagnabuona, giurisdizione di questo luogo, che lavorava in cotesto Arsenale su la caduta del decorso mese di Aprile, se ne ritornò a sua casa ammalato con fede che il suo male era senza alcun sospetto di contagio, come dalla istessa alligata potranno le V.V. S.S. Serenissime vedere. Morse il primo seguente detto Lazzaro e restò malata la moglie, che parimente fra' breve se ne morse, di che fu subito da questi Ufficiali di Sanità fatta serrare la casa di detto Lazzaro, e data parte del successo all'Ill. Governatore di Savona a cui resta appoggiata la cura della Sanità di questo luogo. Fu di suo ordine detto cadavere, *cioè quello della Bernardina moglie dello stesso*, interrato nell'istessa villa, separato dagli altri con le dovute cautele, dopo di che, ben presto si ammalarono anche due figlie di detto Lazzaro, che restarono serrate in casa e si sentirono anche qualch'altri malati in detta villa, del che ne fu di nuovo data parte al prefato Signor Governatore, quale trasferitosi in detta villa con Medico e Barbiere, e fatto visitare li cadaveri e gli ammalati, gli fu riferito avere detti cadaveri i segni sospetti di contagio, sopra di che diede quei ordini che stimò necessari per cautela della pubblica salute, con fare serrare con rastelli la villa e mettere le dovute guardie ai suoi confini.

Sono morti in appresso qualch'altri di detta villa, che sino al giorno di ieri ascendono al numero di dodici. »

Ecco il nome dei dodici deceduti di cui sopra che ricaviamo dai Registri Parrocchiali della chiesa dei SS. Nazzaro e Celso.

1657, 30 Aprile. Amico Lazzaro di anni 70 sepolto nella chiesa di S. N. – 9 Maggio. Bernardina moglie del predetto Lazzaro d'anni 48, sepolta in S. Rocco presso la porta al lato destro. – 11. id. Maria figlia dei predetti coniugi d'anni 18 sepolta nel campo proprio presso la casa di abitazione. – N. N. Pellegrina d'anni 6 sepolta ivi in detto campo – 11 id. Fava Maria d'anni 6 sepolta in S. Nazzaro – 12 id. N. N. Benedittina d'anni 30 sepolta nel campo ove sopra. – 12 id. Amico Brigida altra figlia del Lazzaro d'anni 28 sepolta nel campo di cui sopra. – 12 id. Guastavino Antonia di Giuliano, d'anni 17 sepolta nel campo proprio presso la sua abitazione. – 12 id. Guastavino Bernardina moglie di Giuliano d'anni 54, sepolta nel suo campo di cui sopra. – 12 id. N. N. Geronima d'anni 60, sepolta nel campo proprio presso la sua casa, – 13 id. N. N. Perinetta d'anni 6 sepolta nell'ortofazio in S. Nazzaro. – 13 id. N. N Argentina d'anni 12 sepolta nel campo proprio presso la casa di abitazione.

Anche il Guastavino Giuliano, Consigliere Comunale ed Ufficiale di Sanità, dopo il decesso della moglie, e figlia rimase vittima del morbo, e fu sepolto nel suo campo presso la propria casa.

(7) Nel Registro degli Ordinati del Comune, seduta del 12 Maggio 1657 leggesi: « Per le morti di contagio avvenute in Castagnabuona, ottemperando ad ordini superiormente avuti, si fa un *Bussolo* di sedici persone per invigilare in detta villa e provvedere in occasione della peste, le quali a due per volta devono recarsi ad abitare in detta villa. Vennero estratti i seguenti come in appresso.

1.o turno	Spet. Michele De Fatio / Antonio Ciarlo
2.o »	Giacinto Serruto / Gio: Maria Bargone
3.o »	Ambrogio Portovenere / Giuseppe Fonticello
4.o »	GioBatta Dardaglia / Carlo Fonticello
5.o »	Gio Batta Testa / Cristoforo Fabiano
6.o »	Gio: Batta Ferro / Paolo Ferro
7.o »	Gio: Maria Ramoino / Giuseppe Carnaglia
8.o »	Battista Mombello / Gio: Stefano Testa

Dalla Serenissima Repubblica era stato nominato a Commissario di sanità il Magnifico Agostino D'Oria. Dalla seduta precedente del 1 Maggio 1657 risulta che sotto la presidenza del Magnifico Podestà Gio Batta Andora vennero elettti:
Domenico Boglia — Priore del Comune
Simone Mombello ed Antonio Ramorino, Sindaci —
Gio Maria Bargone, Giacinto De Fatio e Giuseppe Ansaldo — Censori ossia Mestrali.

Ufficiali di Sanità

Bartolomeo Giusino, Giuseppe Ansaldo, Stefano

Quartino, Benedetto Fabiano, Antonio De Fatio, Battista De Fatio, Bartolomeo Codino, e Bernardo Ferro.

Ufficiali dell' Ospedale, e dei Poveri.

Spett. Michele De Fatio, Battista Mombello, e Carlo Fonticello.

Ufficiali di Sanità per la villa di Alpicella

Battista Ratto e Michele Perata.

Il minore Consiglio era poi composto di dodici membri, cioè di

Boglia Domenico — Priore.

Battista De Fatio, Giovanni Ferro, Domenico Fonticello, Gio Stefano Giusino, Gio Batta Serruto, Giacomo Verdino, Giuliano Guastavino, Benedetto De Fatio, Varazzino Molinari, Antonio Assinello, Lorenzo Baglietto, e Bartolomeo Perata.

Fu pure nominato in questa seduta a commissario annuale di Sanità Domenico de Mezzano.

Il Parlamento generale constava di numero sessantuno Deputati, compresi i dodici del Minore Consiglio, cioé

Del Minor Consiglio	N.o 12
Borgo murato e Borghetto	» 24
» del Solaro	» 4
» della Villa di Castagnabuona	» 4
» » » Casanuova inferiore	» 4
» » » Casanuova Superiore	» 4
» » » Alpicella	» 4
» » » Cantalupo	» 4
Borgo dei SS. Nazzaro e Celso	» 4
	Totale N.o 61

Da questo risulta che le frazioni e le ville del Comune erano equamente rappresentate.

(8) Il Vinzoni autore dell'Indice MM delle Città e Borghi della Repubblica di Genova del 1767 fa menzione anche della Capella di Nostra Signora della Croce in Castagnabuona. (Libreria Ecclesiastica in Genova)

(9) La importazione da Genova in Varazze devesi al nominato Colonna Giacobbe nativo di Torino residente in Genova di Religione Ebreo. Stava sulla piazza del Beato Giacomo occupato nel giorno 1. agosto 1854 merciando le sue stoffe, quando assalito dal morbo venne trasportato all'ospedale dove cessò di vivere il 9 successivo. Indi si verificò nel 14 detto mese il decesso di Perata Bernardo, che nel giorno antecedente aveva in Genova assistito una sua figlia colpita dal morbo medesimo. Successivamente morirono altri tre individui, cosicchè tra otto soltanto ricoverati nello spedale, cinque rimasero vittima del male, tre dei quali provenienti da Genova.

Merita qui ricordare lo zelo del compianto Sacerdote Canonico Lorenzo Baglietto, Presidente dello Spedale, mio intimo amico, il quale durante il corso della malattia, benchè mal fermo in salute, non cessò mai di assistere anche i malati, e tanto esso, quanto le *figlie della Misericordia,* e principalmente Suor Maria Beatrice Deferrari, e Maria Eulalia Cerruti addette al servizio del pio Stabilimento, ebbi sempre a vedere presso il letto degli infermi, prestando loro ogni cura possibile, e consolandoli con quello amore e carità, che sola inspira la Chiesa cattolica.

FINE

Printed by Libri Plureos GmbH in Hamburg,
Germany